trabajos de ensueño™

Quiero ser BEISBOLISTA

Katie Franks

Editorial Buenas Letras
New York

Traducción al español: Eduardo Alamán

To Green Monster fans everywhere

Published in 2010 by The Rosen Publishing Group, Inc.
29 East 21st Street, New York, NY 10010

Copyright © 2010 by The Rosen Publishing Group, Inc.

All rights reserved. No part of this book may be reproduced in any form without permission in writing from the publisher, except by a reviewer.

First Edition

Editor: Jennifer Way
Book Design: Ginny Chu
Photo Research: Sam Cha

Photo Credits: All Photos © Getty Images.

Library of Congress Cataloging-in-Publication Data

Franks, Katie.
 [I want to be a baseball player. Spanish]
 Quiero ser beisbolista / Katie Franks ; traducción al español, Eduardo a Alamán.
   p. cm. – (Trabajos de ensueño)
 Translated from English.
 Includes index.
 ISBN 978-1-4042-8159-2 (library binding) – ISBN 978-1-4358-3431-6 (pbk.) – ISBN 978-1-4358-3432-3 (6-pack)
 1. Baseball–Juvenile literature. 2. Baseball players–Vocational guidance–Juvenile literature. I. Title.
 GV867.5.F7318 2010
 796.357–dc22

2009015789

Manufactured in the United States of America

Contenido

Estrellas del béisbol 5

Pre-temporada de primavera 7

Los lanzadores 9

¡Jonrón! 11

La Serie Mundial 13

Conoce a los aficionados 15

Obras de caridad 17

Patrocinios 19

El entrenador del equipo 21

El Salón de la Fama 22

Glosario 23

Índice 24

Sitios en Internet 24

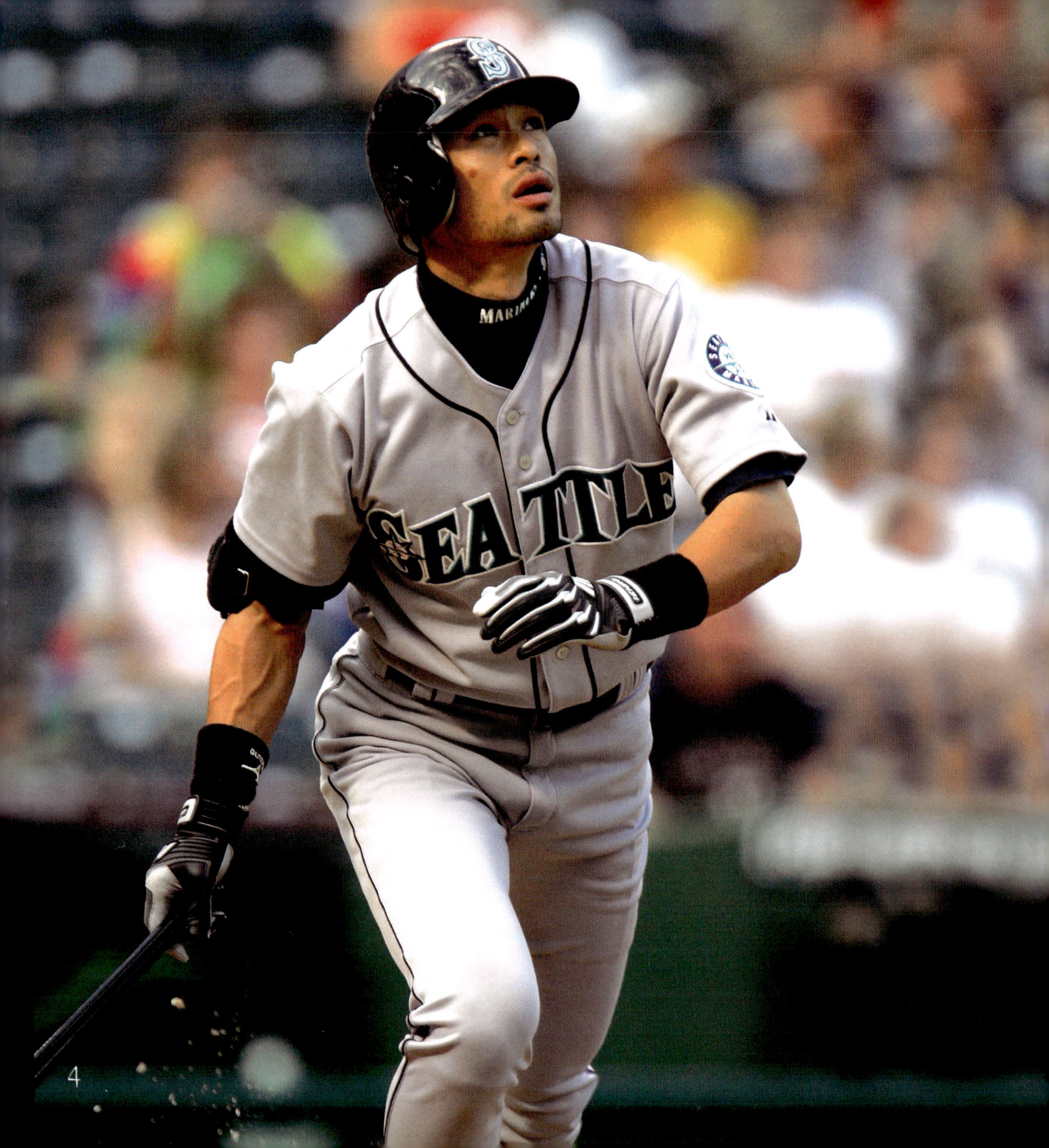
SEATTLE

Estrellas del béisbol

El béisbol es el pasatiempo nacional de los Estados Unidos. Es uno de los deportes más **populares** del país. ¿Te gusta el béisbol? ¿Tienes un equipo o jugador favorito? Quizá juegas en una liga menor y sueñas con convertirte en un jugador de béisbol **profesional**. Este libro te presentará a algunos de los jugadores más populares de béisbol, y lo que hacen dentro y fuera del campo de juego.

Ichiro Suzuki juega de jardinero derecho en los Marineros de Seattle. Suzuki es de Japón.

La pre-temporada de primavera se lleva a cabo de finales de febrero a inicios de marzo. La temporada de béisbol comienza en abril.

6

Pre-temporada de primavera

Para alcanzar su mejor nivel, los jugadores de béisbol necesitan entrenar muy fuerte. Antes de que comience la temporada de béisbol, los equipos viajan a Florida o Arizona para la pre-temporada de primavera. En la pre-temporada de primavera se realizan juegos de práctica en los que se ven a los nuevos jugadores. Esto ayuda a que el **entrenador** del equipo decida qué jugadores participarán en la temporada regular. Muchos aficionados asisten a los partidos de la pre-temporada de primavera.

Pedro Martínez es lanzador de los Mets de Nueva York. Martínez es uno de los mejores lanzadores de la historia del béisbol.

Los lanzadores

Los pícheres, o lanzadores, son muy importantes en un equipo de béisbol. Los lanzadores deben lanzar la bola con fuerza y buena dirección. Los lanzadores deben evitar que el bateador del equipo contrario batee la bola. El jugador que pichéa al inicio del juego se llama lanzador inicial. Los lanzadores que entran al juego después se llaman de pícheres de relevo porque entran al partido para relevar al pícher inicial para que pueda descansar.

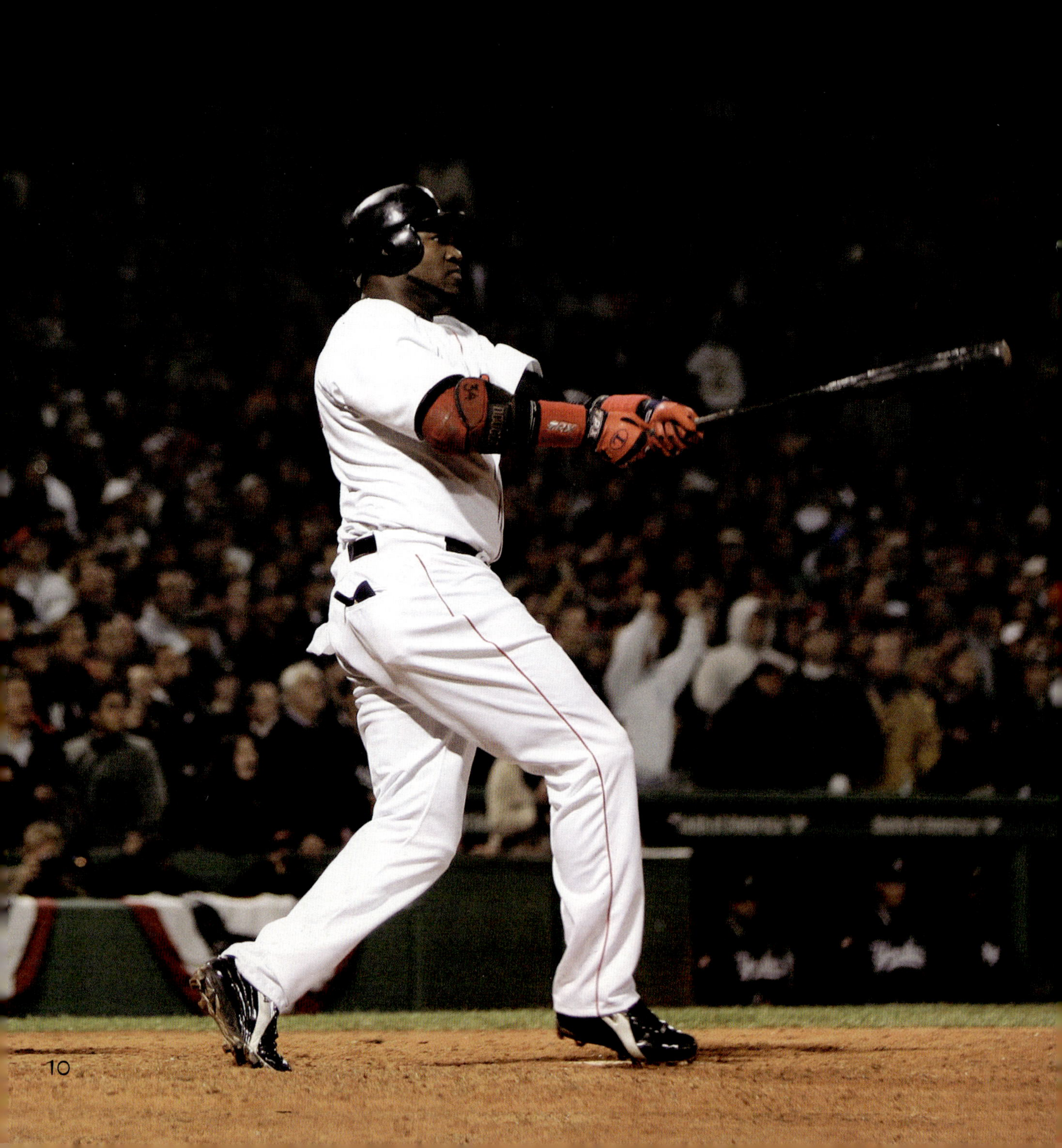

¡Jonrón!

Una de las cosas más **emocionantes** que pasan en un partido de béisbol es cuando se batea un jonrón. El jonrón se da cuando el bateador golpea la bola fuera del campo y recorre todas las bases para anotar una carrera. Los jugadores que batean jonrones suelen ser los preferidos de los aficionados. Además, suelen ser los mejores pagados en los equipos.

David Ortiz ha bateado muchos jonrones. Ortiz juega para los Medias Rojas de Boston.

En 2004, los Medias Rojas de Boston ganaron la Serie Mundial por primera ocasión en 86 años.

12

La Serie Mundial

Al final de la temporada regular, comienza la post-temporada. En la post-temporada juegan los mejores equipos de las dos ligas, o grupos, para decidir cuál es el mejor de la liga.

Estas dos ligas son la Liga Americana y la Liga Nacional. El mejor equipo de cada una de estas ligas juega una serie de partidos que se conoce como la Serie Mundial. El equipo que gana los primeros cuatro de los siete juegos se convierte en el equipo **campeón**.

Albert Pujols juega para los Cardenales de St. Louis. Pujols es muy popular entre los aficionados al béisbol.

14

Conoce a los aficionados

A muchos aficionados al béisbol les gusta conocer a sus jugadores favoritos. Además, a los aficionados les gusta pedir **autógrafos** a estos jugadores. Para los beisbolistas también es divertido conocer a sus aficionados. Los jugadores pueden conocer en persona a los aficionados que los apoyan desde la tribuna. En ocasiones, los jugadores y los aficionados se conocen en **eventos** especiales.

Este es Alex Rodríguez de los Yankees de Nueva York. Aquí lo vemos en un evento especial en Miami, Florida.

Obras de caridad

Los jugadores de béisbol hacen muchas obras de **caridad** en su tiempo libre. Los jugadores dan tiempo y dinero a las causas que son importantes para ellos. En ocasiones todo el equipo trabaja junto en una caridad. Muchos equipos de béisbol trabajan con el grupo Boys and Girls Club of America. Esta organización ayuda a los niños pobres de los Estados Unidos. El trabajo de caridad hace sentir bien a los jugadores de béisbol. Para ellos es importante saber que están haciendo algo para ayudar a quienes lo necesitan.

Derek Jeter es el parador en corto de los Yankees de Nueva York. Jeter ha apoyado a los autos Ford y a XM Radio.

Patrocinios

Cuando no están en el campo, muchos jugadores de béisbol trabajan haciendo **patrocinios**. Un jugador de béisbol puede ganar mucho dinero apoyando algún **producto**. Las compañías pagan mucho dinero por el apoyo, o patrocinio, de un jugador popular. Esto se debe a que estas compañías saben que más gente comprará sus productos si estos son patrocinados por una persona famosa. Las estrellas del béisbol apoyan productos como Gatorade, American Express y Nike.

Joe Torre fue el entrenador de los Yankees de Nueva York por muchos años. Torre fue jugador de los Cardenales de St. Louis y los Mets de Nueva York.

El entrenador del equipo

Muchos jugadores de béisbol desean seguir trabajando en este deporte después de su **retiro**. Una opción es convertirse en entrenador. Un jugador de béisbol retirado puede ser un buen entrenador porque tiene mucha **experiencia** en el juego. Además, es importante que el entrenador pueda llevarse bien con los jugadores. Muchos jugadores de béisbol retirados han encontrado una segunda profesión como entrenadores.

El Salón de la Fama

El Salón de la Fama del Béisbol está en Cooperstown, Nueva York. El Salón de la Fama reconoce a los jugadores que se han convertido en **leyendas** del béisbol. El Salón de la Fama es además un lugar en el que se aprende sobre la historia de este deporte. Para ingresar al Salón de la Fama un jugador debe haber jugado profesionalmente siete años y debe tener cinco años de retirado. Cuando un jugador es seleccionado para ingresar al Salón de la Fama debe sentirse orgulloso de formar parte de la historia del béisbol.

Glosario

autógrafos (los) El nombre o firma de una persona, escrito por el mismo.

campeón (el) El mejor, el ganador.

caridad (la) Dar dinero o ayuda a quienes lo necesitan.

emocionante Muy interesante. Que causa emoción.

entrenador, ra (el/la) La persona que dirige un equipo de béisbol.

eventos (los) Cosas que suceden y que han sido planeadas.

experiencia (la) Conocimiento o habilidad que se gana con el tiempo.

leyendas (las) Personas que han sido famosas por mucho tiempo.

patrocinio (el) Recibir dinero por apoyar un producto o una causa.

popular Ser gustado por mucha gente.

productos (los) Cosas que son producidas.

profesionales (los) Alguien que recibe un pago por lo que hace.

retiro Dejar de trabajar en alguna actividad determinada.

Índice

A
aficionados, 7, 11, 15
autógrafos, 15

B
bateador(es), 9, 11

C
campeón, 13

E
entrenador, 7, 21

J
jonrón(es), 11

L
Liga Americana, 13
liga menor, 5
Liga Nacional, 13

P
patrocinio(s), 19
pícher(es), 9

S
Serie Mundial, 13

Sitios en Internet

Debido a las constantes modificaciones en los sitios de Internet, Editorial Buenas Letras ha desarrollado un listado de sitios Web relacionados con el tema de este libro. Este sitio se actualiza con regularidad. Por favor, usa este enlace para acceder a la lista: www.powerkidslinks.com/djobs/baseball/

```
+SP
796.357 F

Franks, Katie.
Quiero ser beisbolista
Moody JUV CIRC
07/10
```

Friends of the Katton Public Library